Teraa ae ko na karaoia n te tabo ni kamaangngang?

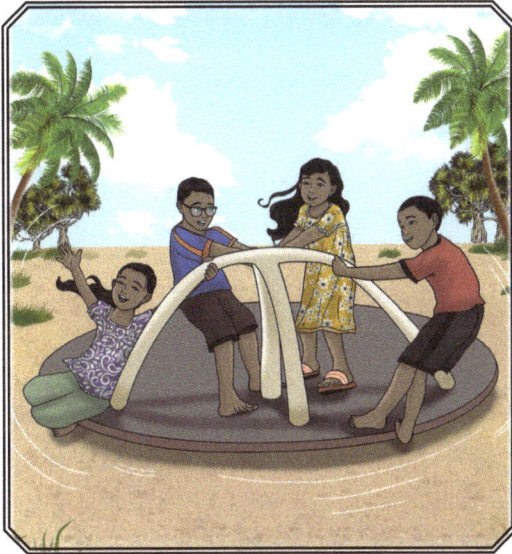

Te korokaraki iroun Ruiti Tumoa
Te korotaamnei iroun Jovan Carl Segura

Library For All Ltd.

E boutokaaki karaoan te boki aio i aan ana reitaki ae tamaaroa te Tautaeka ni Kiribati ma te Tautaeka n Aotiteeria rinanon te Bootaki n Reirei. E boboto te reitaki aio i aon katamaaroaan te reirei ibukiia ataein Kiribati ni kabane.

E boreetiaki te boki aio iroun te Library for All rinanon ana mwane ni buoka te Tautaeka n Aotiteeria.

Te Library for All bon te rabwata ae aki karekemwane mai Aotiteeria ao e boboto ana mwakuri i aon kataabangakan te ataibwai bwa e na kona n reke irouia aomata ni kabane. Noora libraryforall.org

Teraa ae ko na karaoia n te tabo ni kamaangngang?

E moan boreetiaki 2022
E moan boreetiaki te katootoo aio n 2022

E boreetiaki iroun Library For All Ltd
Meeri: info@libraryforall.org
URL: libraryforall.org

Te korotaamnei iroun Jovan Carl Segura

Atuun te boki Teraa ae ko na karaoia n te tabo ni kamaangngang?
Aran te tia korokaraki Tumoa, Ruiti
ISBN: 978-1-922895-80-6
SKU02354

Teraa ae ko na karaoia n te tabo ni kamaangngang?

E rangi ni kaunga
te nako n te tabo ni
kamaangngang.

A mwaiti bwaai aika ko
kona ni karaoi n te tabo
ni kamaangngang.

Ko kona n tie.

Ko kona ni kamwaeiei.

Ko kona n tikeera.

Ko kona n tamwarake
n te roobu.

Ko kona n takaakaro
ma tanon te bike.

Ko kona n toka n te
meerii-kou-raaun.

Ko kona ni ikaraaba.

Ko kona ni kaitiboo ma raoraom n te tabo ni kamaangngang.

Ko kona ni kaboonganai titiraki aikai ni maroorooakina te boki aio ma am utuu, raoraom ao taan reirei.

Teraa ae ko reiakinna man te boki aio?

Kabwarabwaraa te boki aio.
E kaakamanga? E kakamaaku?
E kaunga? E kakaongoraa?

Teraa am namakin i mwiin warekan te boki aio?

Teraa maamaten nanom man te boki aei?

Karina ara burokuraem ni wareware
getlibraryforall.org

Rongorongon te tia korokaraki

E bungiaki Ruiti Tumoa i Tarawa ao e maamaeka
ni kaawana ae Bikenibeu. E taatangirii aia boki
ni karaki ataei. Ngke e uareereke, ao e rangi n
taatangira te boki ni karaki ae atuuna 'The Little
Mermaid'. E taatangiria ni kabanea ana tai ma ana
utuu, ni kamaangngang ao n tebotebo i taari.
E maamate naba nanona n te kuuka.

Ko kukurei n te boki aei?

Iai ara karaki aika a tia ni baarongaaki aika a kona n rineaki.

Ti mwakuri n ikarekebai ma taan korokaraki, taan kareirei, taan rabakau n te katei, te tautaeka ao ai rabwata aika aki irekereke ma te tautaeka n uarokoa kakukurein te wareware nakoia ataei n taabo ni kabane.

Ko ataia?

E rikirake ara ibuobuoki n te aonnaaba n itera aikai man irakin ana kouru te United Nations ibukin te Sustainable Development.

www.ingramcontent.com/pod-product-compliance
Lightning Source LLC
Chambersburg PA
CBHW040319050426
42452CB00018B/2926